Frau Kühnlein sucht das Glück

Eine Geschichte von Katja Reider
mit Bildern von Jutta Bücker

sanssouci

1 2 3 4 5   09 08 07 06 05

ISBN 3-7254-1362-2

Einbandillustration: Jutta Bücker

Lithos: Penta Repro GmbH, München

Satz: Nina Engel, München

Druck und Bindung: Memminger MedienCentrum AG, Memmingen

Printed in Germany

Frau Kühnlein sucht das Glück

Das ist Frau Kühnlein.
Frau Kühnlein sucht das Glück.
Auf dem Dachboden war sie schon.
Im Keller auch.

Nichts. Keine Spur vom Glück.

Frau Kühnlein grübelt.
Hat sie das Glück
etwa mit in die Altkleidersammlung gegeben?
Spaziert jetzt ein anderer mit ihrem Glück herum?
Oder schlimmer noch –
Frau Kühnlein schaudert –
wurde es gar zerhäckselt?
Frau Kühnlein mag gar nicht daran denken.

Schredder
Schorsch
Schredder
Schorsch
7979579

Sie schaltet das Radio ein.
Und horcht auf:
Zum Glück gibt's Glückskauf!
Ach so ist das,
denkt Frau Kühnlein.

Und macht sich gleich auf den Weg.

Es ist zum Glück nicht weit.
Und die Verkäuferin bemüht.
An was Frau Kühnlein denn gedacht habe,
ein besonderer Duft, eine Farbe?
Frau Kühnlein zuckt hilflos die Schultern.
Woher soll ausgerechnet sie wissen,
welche Farbe das Glück hat und wie es riecht!
Weiß denn die Verkäuferin das nicht?
Dazu ist sie doch da, oder?
Ja gewiss.
Die Verkäuferin lächelt.
Frau Kühnlein ist beruhigt.
Ihre Tasche voll bis obenhin.

Nur das Glück,
das ist nirgendwo drin.
Frau Kühnlein ist verwirrt.
Wie kann das sein?
Hat sie etwas falsch gemacht?
Aber wenn ja, was?

Zu viele Fragen
für Frau Kühnlein.

Sie schaltet den Fernseher ein.
Und dort erfährt sie Unglaubliches:
Das Glück sitzt im Kühlschrank
und schmeckt nach Vanille.
Frau Kühnlein kann es nicht fassen:
Da sucht sie nun schon so lange.
Dabei ist alles ganz einfach!

Jedoch:
Das Glück ist schnell verzehrt.
Bald heißt es Speck,
sitzt auf Frau Kühnleins Hüften
und will nicht mehr weg von Frau Kühnlein.
So hat sich das Frau Kühnlein nicht vorgestellt.

Zum Glück hat Frau Kühnlein eine gute Freundin.
Die hat das Glück sogar erlernt
in einem Seminar im Sauerland.
Jetzt kennt sie sich aus.
Das Glück läge in Frau Kühnlein selbst, erklärt die Freundin.
Frau Kühnlein müsse nur in sich hinein horchen.
So.
Die Freundin horcht.

Ach so.
Frau Kühnlein nickt.
Und horcht auch.
Aber das Glück meldet sich nicht.
Nicht einmal auf höfliches Klopfen hin.

Frau Kühnlein seufzt.
Sie ist besorgt.
Vielleicht ist das Glück ja krank?
Frau Kühnlein geht zum Arzt.

Der horcht ebenfalls
in Frau Kühnlein hinein.
Sogar ein Röntgenbild
macht der Arzt von Frau Kühnlein.
Und noch eins. Und noch eins.
Dann schüttelt er den Kopf.
Er kann nichts finden.
Rein gar nichts.

Scherengebiss
Uebergebiss
Vorbiss

Frau Kühnlein nickt betrübt.
Sie hat es ja geahnt.
In ihr ist nichts.
Das Glück schon gar nicht.
Der Arzt räuspert sich
und blickt auf die Uhr.
Frau Kühnlein grüßt.
Und geht.

Wohin?
Egal.
Wohin der Wind sie eben weht.
Das Glück kann ihr ab heute gestohlen bleiben.
Frau Kühnlein will nichts mehr davon hören.
Nie mehr.
Sagt Frau Kühnlein.

Aber wer
hört schon auf Frau Kühnlein …?

Wohin?
Egal.
Irgendwohin, wo das Glück nicht ist.
Das soll bleiben,
wo der Pfeffer wächst …
Wenn es nach Herrn Jasper geht.

Aber wann
geht es schon mal
nach Herrn Jasper …?

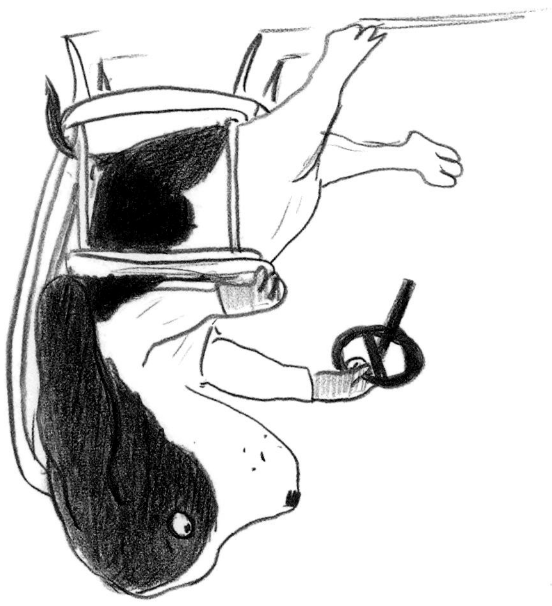

Herr Jasper setzt den Sportwagen
blindlings gegen eine Wand.
Herr Jasper steigt aus.
Zum Glück ist er unverletzt.
Der Sportwagen nicht.
Herr Jasper schluckt.
Und geht.

Und fährt Sportwagen.
Natürlich nicht schnell, wegen der Motorhaube.
Die hat Herr Jasper offen gelassen.
Damit das Glück ein wenig Luft bekommt.
Man ist ja kein Unmensch.
Herr Jasper schon gar nicht.

Aber die Sicht ist schlecht.
Und das Glück undankbar.

Der Friseur redet ohne Unterlass.
Und er weiß, wo das Glück steckt.
Nicht in Alaska, oh nein! Da sei es doch viel zu kalt.
Unter der Motorhaube eines schnellen Wagens!
Da säße das Glück.
Das müsse Herr Jasper einmal erleben! Unbeschreiblich!
Er, der Friseur, kenne da einen Autohändler …
Ob Herr Jasper interessiert sei?
Herr Jasper zögert.
Der Friseur telefoniert bereits.
Herr Jasper erblondet.

Herr Jasper eilt zu seinem Friseur.
Der hat zum Glück einen Termin frei
und empfiehlt ein gedecktes Blond.
Für Herrn Jaspers Glückssträhne.
Nun ja, wenn es nötig ist …
Herr Jasper nimmt Platz.

Besser den Fachmann fragen.

Das muss sich doch feststellen lassen,
denkt Herr Jasper.
Und studiert sein Horoskop.
Oh, die Jungfrau hat eine Glückssträhne!
Und Herr Jasper ist Jungfrau.

Er läuft zum Spiegel.
Wie mag so eine Glückssträhne aussehen?
Herr Jasper zupft an seinen Haaren herum.

Im Briefkasten steckt eine Postkarte:

Habe das Glück in Alaska gefunden

Dein Schulfreund P.

Jetzt begreift Herr Jasper.

Kein Wunder, dass er das Glück nicht findet.

Wenn es doch gerade in Alaska ist.

Aber wann kommt es zurück?

JUPITER

Herr Jasper ist verwirrt.
Was soll denn das heißen?
Hat man ihn etwa betrogen?
Der Berater sah doch so Vertrauen erweckend aus.
Aber man kann in die Leute schließlich nicht hineinschauen.
Herr Jasper schon gar nicht.

Herr Jasper geht nach Hause.

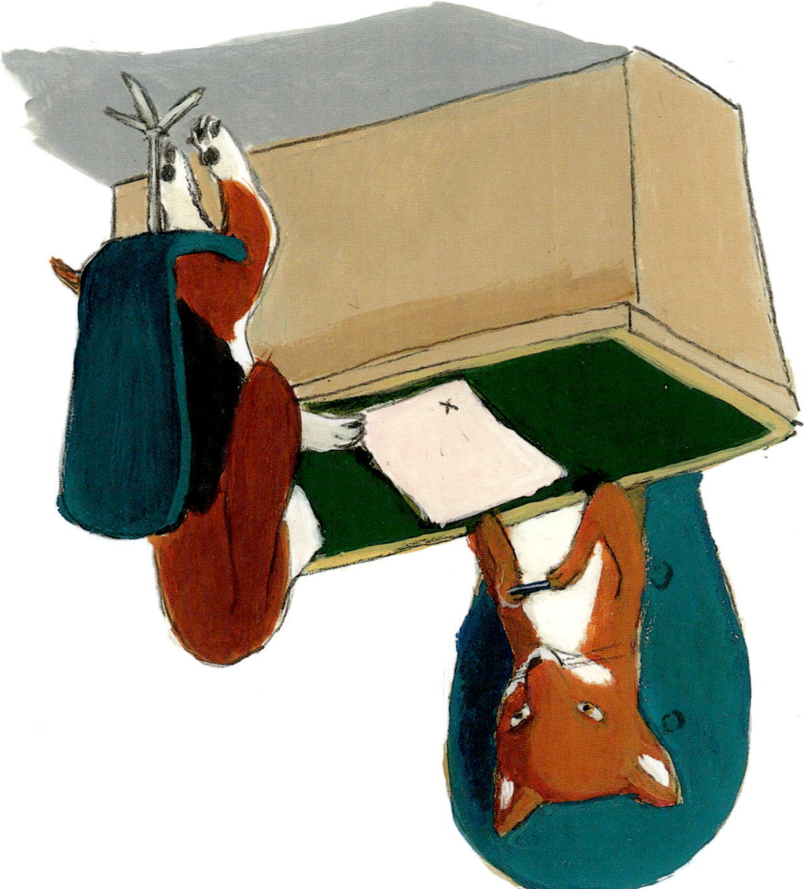

Der Berater von der Wertbank meint das auch.
Herr Jasper unterschreibt.

Ob er das Glück gleich mitnehmen könne,
fragt Herr Jasper dann.
Und ob der Herr von der Bank es einschlagen könne?
In Seidenpapier vielleicht?
Man wisse ja, wie zerbrechlich das Glück sei.
Er, Herr Jasper, habe da so seine Erfahrungen.
Ob es gar angeliefert würde?
Verfüge die Bank eventuell über einen Glücksbringer?

Der Berater bedauert.
Das Glück komme ganz von selbst.
Herr Jasper müsse nur ein wenig Geduld haben.

Er schlägt lieber die Zeitung auf.
Machen Sie Ihr Glück mit uns! Die Wertbank.
Das gefällt Herrn Jasper.
Machen. Selber machen.

Ist doch sowieso immer das Beste.

Das muss man sich mal vorstellen:
Das Glück zwischen Kaffeefiltern
und Kartoffelschalen!
Herr Jasper mag gar nicht daran denken.

Herr Jasper grübelt.
Gestern war die neue Putzfrau da.
Eine ordentliche Frau, gewiss.
Aber man kann in die Leute schließlich nicht hineinschauen.
Herr Jasper schon gar nicht.
Wenn die Putzfrau das Glück nun zerbrochen hat …?
Versehentlich natürlich.
Dann liegt es jetzt im Müll.

Unter dem Sofa hat er schon geguckt.
Auch auf dem Schrank und in der Zuckerdose.
Nichts. Keine Spur vom Glück.

Das ist Herr Jasper.
Herr Jasper sucht das Glück.

Herr Jasper sucht das Glück

1 2 3 4 5 09 08 07 06 05

ISBN 3-7254-1362-2

Einbandillustration: Jutta Bücker

Lithos: Penta Repro GmbH, München

Satz: Nina Engel, München

Druck und Bindung: Memminger MedienCentrum AG, Memmingen

Printed in Germany

Herr Jasper sucht das Glück

Eine Geschichte von Katja Reider
mit Bildern von Jutta Bücker

sanssouci